山水与人世

泉子诗集

泉子 著

山西出版传媒集团　北岳文艺出版社

图书在版编目(CIP)数据

山水与人世：泉子诗集 / 泉子著 . 一太原：北岳文艺出版社，2022.1
ISBN 978-7-5378-6470-1

Ⅰ.①山… Ⅱ.①泉… Ⅲ.①诗集—中国—当代 Ⅳ.① I227

中国版本图书馆 CIP 数据核字（2021）第 226276 号

山水与人世：泉子诗集

泉子 / 著

出品人 郭文礼	出版发行：山西出版传媒集团·北岳文艺出版社 地址：山西省太原市并州南路 57 号
选题策划 左树涛	邮编：030012 电话：0351-5628696（发行部）　0351-5628688（总编室）
责任编辑 左树涛	传真：0351-5628680 经销商：新华书店
书名题写 陈　雨	印刷装订：山西人民印刷有限责任公司 开本：787mm×1092mm　1/32
书籍设计 张永文	字数：200 千字 印张：7.5 版次：2022 年 1 月第 1 版
印装监制 郭　勇	印次：2022 年 1 月山西第 1 次印刷 书号：ISBN 978-7-5378-6470-1 定价：39.80 元

本书版权为本社独家所有，未经本社同意不得转载、摘编或复制

山水的教诲

泉子

《山水与人世》收录的是创作于2019年至2020年间的136首诗歌，其中大约二分之一完成于2019年，二分之一完成于2020年秋天之前。

庚子年的大疫情不仅仅是后面二分之一写作的背景，它同样可以映射到前面二分之一的写作中去。疫情对我们现实生活造成的影响，譬如"觥筹交错"的受阻，并因此使得一种向内的生活可以更为"理所当然"，以及它所赠予的一种不管不顾的孤绝，一种心无旁骛甚至与世隔绝。这些诗的另一个写作背景是母亲在2017年初夏的猝然离去带给我心灵的震撼。或许，人世从来就在它的余震中，甚至在所有的生命到来之前。我把它作为母亲对我的爱的教育的延续。这本书中与母亲直接相关的诗歌只有五首，但母亲之于这些写作的重要性远远不止于此。"而此刻，/母亲已成为/那看不见的一部分，那幽暗的一部分，并无时无刻不在俯视，/并看护着我们。"（《伟大的赠予》）

这些诗歌还有一个重要的背景是始于我在不惑之年的一次诗风蜕变。这次蜕变的重要性可能只有1997年，我在经历一个漫长而苦闷的学徒期后，并在我的第二个本命年获得的"诗是我们身体深处那最真实的声音"这最初的领悟可比拟。在持续近二十年向西方同行致敬后，是一种越来越强烈而清晰的认识与判断，"如何通过对一种西方言说方式的借鉴来说出东方人对这个世界的一种精微而独到的理解将决定汉语的未来",并视之为我们这一代,甚至之后几代汉语诗人的机遇与使命。它同时伴随于一次对自身传统的补课,"从四书五经到朱熹、王阳明"。这并非作为一个东方人、一个汉语写作者的执着,而是我越来越清晰而强烈地感受到的,东方智慧所蕴藏的一种化解这个危机重重的时代深处现代性困境的契机。就像"阴阳互生"与"阴阳互根"所揭示的:即使互为对手,依然可以是成全彼此的一个契机带给这个"他人即地狱"并以"零和游戏"为标识的时代的启示。

山水无疑是贯穿于《湖山集》《空无的蜜》《青山从未如此饱满》《山水与人世》的一条最显著的线索,也是最重要与集中的题材之一。山水之于我,之于汉语的重要性在于它提供的一条静观与凝神的通道。是的,山水只有作为道的容器才成为山水,否则只是人们眼中所谓的风景。或者说,山水不仅仅是山水,它同样是阴与阳、动与静、仁与智、有与无……是"道生一,一生二,二生三,三生万物"中的"二",并成为我们重返"一"与"道"的一个稳固的节点,并构筑起了一代代汉语诗人悟道求真的最有效的通衢。现代性的困境或危机的日益显现,对应"上帝之死"与道被遮蔽后我们必须去面对,并承担起的严酷现实。而当代汉语的未来或现代性困境与危机化解的契机,恰恰在于我们能否重新构建起当代汉语与山水之间那同时立足于道之上的一种如此稳固的关联,直到我们再一次将山水从心中取出。

或许,来自山水的教诲远不止于此,包括在它的教育下,我对汉语、对江南的重新认识。"江南不是腐朽、奢靡或娇柔的代名词,而是一种对自然,对日常事物深处的神性的发现与揭示能力。"(《诗之思》2013)就像我在《齐鲁行》中写下的:

两千多年前,这里始从蛮荒之地
进化为礼仪之邦。
而此后的两千年
是儒风不断南移,
以及一个伟大江南缓缓浮现的
漫长一瞬。

或许,正是在这样一种持续的教育中,我们终于得以重逢一个绝望而深情的人世。而这教育依然源源不绝而永不止息,并对应于一个诗人成为他自己的艰难与永无止境。

目　录

第一辑　人世之良善

003　齐鲁行
004　他们在亲吻
005　圆　满
006　所有的成
007　谒陈子昂墓遇哑巴守墓人
008　在陈子昂墓前
009　独坐山
010　天越来越寒凉后
011　只　有
012　太朴之心
013　万物同源
014　最新的成全
015　镜　子
016　深　埋
017　东方诗人

018　感受力

019　硬　币

020　我希望

021　只要心正

022　让你心惊的事

023　最初的赠予

024　我记得

025　人世之良善

028　欢　喜

029　没有什么是偶然的

030　姑　妈

032　人世之奇崛

033　你今天看见的

034　悲欣交集

035　而你一往情深

036　妈妈，祝你平安

037　父　亲

039　微　甜

040　江山处处之胜迹

041　不是贫与富

042　汉语的温润

043　隐秘的知音

044　四十六岁

045　在她远未尝尽这人世之悲欢时

046 遥远时代的遗像

048 一首诗的有与无

049 延光法师

052 唯有阴阳和合中的欢喜

053 这个世界会好吗

第二辑 一行永不再完整的诗

057 当你知悉

058 他并不知道

061 不是因为你看见了什么

062 命　运

064 诗

065 仿佛一盏照亮着整个房屋的灯

068 普仁寺

069 沿途的青山

070 在良渚反山王陵

071 祖　母

073 转译器

074 孤　往

075 夜幕即将垂落

076 枯　荷

077 发现与见证

078 在从保俶塔通向宝石山山顶的崎岖山路上

082　枯　叶

083　在一个杯盘狼藉的餐桌旁

084　执　着

085　这尘世中的万物

086　夜色越来越浓郁

087　一种深深的敌意

088　爱自己

089　回　望

090　彩　石

091　瓷　器

092　你越来越坦然

093　在即将通过登机口时

094　束　缚

095　迄今犹记

097　庚子年正月初三

098　一行永不再完整的诗

099　祖　父

103　原　谅

104　一首伟大的诗

105　一个曾经如此显赫的村庄

109　伟大的赠予

110　大地之心

111　悲　凉

第三辑 山水与人世

115　盛誉亦是

116　最初的看

117　分崩离析

118　我们终其一生徒劳的意义

119　他们曾作为天造地设的一对

122　珍惜那值得珍视的

123　还会有两个二十年吗

124　你必须

125　十年前的那个初夏

126　仿佛还在昨日

127　在月球上不会有声音

128　最　初

129　她应是你的同龄人

131　妈妈离开我已三年

132　年过四十

133　鸿　沟

134　如此密集的死

135　死亡没有变得更容易

136　小说家余昌顺

139　如果不去考虑后辈的名声

141　当你的心满盈时

142 没有什么能伤害到你了

143 满天繁星

144 一些不堪回首的往事

145 十二年过去了

146 奇　崛

147 寂静的风暴眼

148 在我去单位食堂的路上

149 敞　开

150 任何一个国度都是不可永续的

151 一切变得理所当然

152 极远处的无穷

153 不假外力

154 我倾心的

155 重　逢

156 一个最简单明晰不过的凶杀现场

158 他们在雨中亲吻

第四辑　时间深处的惩戒与祝福

161 吴　山

162 诗不是用来突破底线的

163 流浪汉

164 忧　思

165 在北山路

166	人心的永恒
167	背　叛
168	不是死
169	姐姐说出了另一种可能
171	大石佛寺
172	自　由
173	再相见时
177	你要站成一棵伟岸的树
178	曾与我有过一面之缘的母子
179	释　怀
180	塔
182	年轻如此美好
183	一群在人生的翻身战中初战告捷的中年人
185	感　恩
186	即使置身于舞台中央
187	羞　愧
188	你会是又一个失败者吗
189	在回千岛湖的路上
190	辨　认
191	这人世从来的哀愁
192	并不遥远处的未来
194	这最素朴的
195	当我从锦带桥走到断桥
196	月落日升

197　不可辜负

198　诗歌的意义

199　羞　愧

200　故　人

201　绿色的巨浪

202　简洁之路

203　小祖母

204　时间深处的惩戒与祝福

207　他们曾经历怎样的一天

209　契　机

210　两个历经沧桑的老男人

217　跋：山水只有成为道的容器才成其为山水

第一辑　人世之良善

齐鲁行

两千多年前,这里始从蛮荒之地
进化为礼仪之邦。
而此后的两千年
是儒风不断南移,
以及一个伟大江南缓缓浮现的
漫长一瞬。

他们在亲吻

他们在亲吻,
你去看橱窗中一头英武的非洲大象,
他们继续亲吻,
你继续去看那已落在身后的英武之物,
在从地铁缓缓浮出大地的扶梯上,
直到熙熙攘攘的人群
在扶梯的出口处汇聚出一道激流,
直到你们仿若
三颗偶然聚集的雨滴,
又转瞬消散在一条奔腾
而不知其所往的河流。

圆　满

圆满的是一个你不去强求,
而又已不再被辜负的人世。

所有的成

所有的"成"都是缓慢而艰难的,
就像那一瞬中的永无止境。

谒陈子昂墓遇哑巴守墓人

当我们的车子刚刚停稳,
你突然间大叫起来,
然后和我们一一拥抱、握手,
你的欢喜像极了我们的哭泣。
你时而拍拍我们的肩膀,
时而捶打着自己的胸口,
你的声音中有一头被困的猛兽,
又仿佛一个被神灵捉住的人,
仿佛——
陈子昂正通过你
来与我们一一相认。

在陈子昂墓前

墓地比我想象的热闹,
在村庄高楼的环绕中,
在众多连绵的白墙之间
一道终日紧锁的铁门背后。
墓穴也比我想象的更有气势,
像一艘搁浅后的巨轮。
重立的水泥墓碑,
三十年间已剥落殆尽,
启功题写的碑文只剩下了题写者的名字,
仿佛我们拜谒与祭奠的是一个新的古人。
而我们是谁?
这群未来的古人。
我们面前是静静的梓江,
它在我们的眺望中汇入
那同样静静而不息的涪水,
更远处是嘉陵江、长江,
(在英语的世界里
它们以扬子江作为统一的命名)
而那一次次让我们怅然涕下的"来者"
依然隐没,杳无音讯。

独坐山

独坐山只是一个低矮的土丘,
而一种神秘的吸引
帮助你找到了一条向上的小径,
直到你同时看见了梓江和涪江,
直到——
你看见了更远处
那千年间从未停息的奔流。

天越来越寒凉后

天越来越寒凉后,
西湖越来越完整,
而你越来越接近
一个本来的人世。

只 有

只有终于理解了
曾经以为永远无法理解的事,
只有终于原谅了曾经以为永远不可原谅的人,
只有终于释然于曾经以为永远无法释怀的一切,
你才能说出
一个饱满而丰盈的人世。

太朴之心

师山水与古人都是为了
师法经由山水与古人得以显现的
那颗万物的
太朴之心。

万物同源

万物同源而又如此不同,
人世才如此绝望而深情。

最新的成全

在一颗圆融的心中,
任何的际遇都在通向
那最新的成全。

镜　子

在岁末，也是新的一年即将开始时，
西子湖中那干枯的荷塘依然未能捧出
一面可以鉴照整个人世的镜子。

深　埋

你越来越不敏感于
一种由两个年份的连接标识出的新旧交替，
是因为你知道了，
每一个瞬间都深埋着
那全部的重逢与别离。

东方诗人

或许,荷马痴迷的
是历史的波澜壮阔,
而一个东方诗人立志于
从一颗露珠中
淬炼出永恒。

感受力

感受力是帮助我们与人世发生联系而生发出的无数触角,
而洞察伴随于一铲铲的泥浆与碎石被抛出时
我们向永恒处
一次次如此艰难地开掘
与前行。

硬 币

不是他向卖艺老人身前的碗钵中添加的几枚硬币,
而是他在屈身时为硬币赢得的
与碗钵相触一瞬中的无声
让你如此感动,
并确信这人世依然拥有着
那从来的完整。

我希望

我希望能获得一种最单纯的人际关系
并因此重获一颗寂寞
而饱满的心。

只要心正

只要心正,一切就都是恰到好处的,
就像你此刻眺望中所见的
孤山与云亭。

让你心惊的事

曾经让你心惊的事包括:
第一次意识到死亡,
以及三岁的一个下午,
第一次看见了老屋天井的阳光中
静静飘浮的尘埃,
第一次在两腿间发现毛发,
以及两鬓间最初的薄霜。
让你心惊的事还有:
在刚刚过去的四十五周岁,
医生告诉你
那困扰了你近半年的眼疾
是因你已年长到
不再需要任何讳言的老视。

最初的赠予

我出生在千岛湖畔那个贫穷、闭塞,
几乎与世隔绝的山村。
我没有上过幼儿园,
我最初的知识来自
村庄中一对亦农亦师的夫妇,
直到二十四岁,
我才真正开始接触西方的哲学与诗歌,
又过了将近十年,
我因一个契机系统地学习艺术,
并帮助我不断地恢复
一种最初的感受力。
年过四十,
我就自身的传统进行补课,
从四书五经到朱子、王阳明,
并越来越深切地感动于
一个曾经如此逼厄的村庄的
最初赠予——
善良、纯朴,
而使得
一个残缺的人世
依然来得及修补。

我记得

多年之前,我如此忧心于
我比母亲更早地离世,
那白发人送黑发人的荒凉
有如人世的岩层般倾覆下来,
而那刀尖一次次划过心头时的战栗,
我记得。

人世之良善

在三十多年前的一个牌局中,
发生在年少的你与年近六旬的他之间的
一次剧烈的冲突
是以他在错愕中的息事宁人
而得以平息的。
大约是在你负笈他乡的半年前,
冲突起于你与亡兄之间
一个小小的争执,
以及他对你明显的袒护中对亡兄的揶揄。
而你的愤怒起于牌局之外,
他作为村庄中一个声名狼藉的钻营者,
并与被村人视为活菩萨的
他的母亲形成一种醒目的对比。
他母亲两年前因不堪忍受他长年的冷漠,
而在一个大雨滂沱的夜晚
将洗净的衣物分放在村中几个贫困户的窗台上,
然后,毅然决然地跳进
村前那条已被洪水漫溢过堤岸的河流。
你显然羞于与这位比你父亲更为年长
甚至按辈分是你祖父的长者为邻。
而这个并没有因你的勃然大怒

而中止的牌局也是你们之间最后一次。
半年后，
你负笈南国，
之后回到省城工作落户。
你对他的不屑或不满并没有被时间与距离冲淡，
甚至因更多从乡村传来的消息
而不断增强。
或许，鄙夷的顶点是一个关于他的，
轰动了方圆几十里小镇的新闻。
他向一位表亲借了三千元钱，
（当年可是一笔不小的数目）
在约定还钱的日子即将到来时，
他的亲戚因洗衣时损毁了借据，
火急火燎地赶到他家，
并向他说明了情况。
他很快在一阵短暂的迟疑中镇定下来，
他说他们之间从来没有过这样一张"子虚乌有"的字据，
然后愤怒的债权人敲锣打鼓、串村走巷，
哭诉心中的冤屈，
并成就了乡村一个新的节日。
围绕着他的传奇还包括
他作为一个曾经的绝症患者，
通过自己采集的中草药得以康复
而被视为乡村神医。
绝望的病友们
一个个在满怀希望中死去，

昭示着奇迹在这人世的稀薄。
而与他的口袋一起鼓起的
是他的恶名。
而你对他的一种如此坚固的敌意缓慢地消融
是在他成为村庄中的最为年长者之一,
并因主持修订族谱
而在你们之间恢复了交流与沟通,
直到那属于长者的慈祥
不断地从一张曾经如此精明的脸上浮出。
而最新的一次感动,
是通过一个陌生电话传递过来的,
在秀秀婚礼的前两天,
他打来电话,
"秀秀外婆(我母亲)去世不到三年,
按照老规矩,需要在老屋门口绿春联四边
围上红色的小框"。
而他知道我们无法脱身,
已帮我们从镇上买来红纸,
剪裁好,
并准备在秀秀举办婚礼的前一天贴上。
随一股浓浓的暖流漫溢而过的,
并非是对一种被遗忘已久的风俗的知悉
以及对一种古老禁忌的回避,
而是那不期而至,
依然被完整保存的
这人世之良善。

欢 喜

当我从它们身旁经过时,
它们在水面奋力地拍打着翅膀,
并在五六米开外重新收拢起羽翼,
并回头望着我,
而我如此愧疚于
我曾带给它们的惊扰,
又因这茫茫烟雨中的相遇
而深深欢喜。

没有什么是偶然的

没有什么是偶然的,
如果我们获允,
并知悉
那幽暗中的无穷。

姑 妈

因前夫的痨病,
经由她嫁到我们村庄的姐姐的牵线与撮合,
她成了祖母的义女,
也就是我唯一的姑妈。
那时,我们家是村庄中首屈一指的家族,
祖母有四个儿子,两个儿子吃公家饭,
一个儿子担任村长。
而姑妈希望通过这样的一次认亲来扭转夫家的颓势。
事实上,在认亲后不久,
她的前夫还是病重去世了,
留下了她,还有一个尚年幼的女儿。
她很快改嫁到十多里外的另一个村庄。
但这新的结合并没有为他们带来新的子嗣,
直到他们领养了邻村的一名孤儿,
而一家人终于清苦
但幸福地生活在一起。
记忆中,她是那样美丽,
那样温柔亲切,
她的口袋中似乎永远都装满着糖果,
而她每次出现都成了一个节日。
不幸的人生似乎始于她领养的儿子成家,

在她的第二任丈夫死去多年，
而母子俩相依为命生活了很久以后。
与儿媳妇的不合，
是母子最终反目的导火索。
她携带着属于自己的所有财产——
一张破木床与几个旧柜子
投奔自己娘家兄弟，
并寄居在大侄子一间废弃的厢房，
不久又投奔移居江西的女儿。
两年后，她重新回到了娘家的小村，
而之前寄居的厢房已然被拆除改造，
她因此搬进了村庄边一个废弃已久的猪圈。
她最后一段时光中的一日三餐
是由一个寄居在邻村的流浪汉送来的，
并伴随着村民们的风言风语。
而她最终的死更是语焉不详，
在一次次因一种强烈的猜忌心
而遭到所有亲人的唾弃之后。
之前因一次剧烈的争吵而断绝了往来的女儿
匆匆从江西赶来料理后事，
将她葬在了村后的山坡上。
而不到二十年，
在"一岁一枯荣"的野草深处，
已没有人能说出墓地的准确位置。

人世之奇崛

万事万物
都是在缓慢地积聚后而得以显现的
这人世之奇崛。

你今天看见的

你今天看见的柳丝与昨日的
又有所不同,
仿佛那看不见的画笔
在悄然中,
又涂抹过了
最新的一笔。

悲欣交集

当孩子们已然年长于
我们相遇与告别的年龄,
我们始得从这重逢中理解
人世那从来的悲欣交集。

而你一往情深

人世从来寂寞如漫漫长夜,
而你一往情深
似一颗皎洁而微茫的星辰。

妈妈,祝你平安

妈妈,祝你平安!
无论你在彼岸,还是此岸;
无论此刻你在天上,
还是已重返人间。
妈妈,祝你平安,
也愿你护佑
在大地上的我们平安,
愿我们无时无刻不在彼此中,
不在那弥漫
而充盈于整个宇宙的欢喜中相见。

父　亲

父亲在五十五岁，
也就是在我参加工作的同年选择病退。
他从年轻时就被视为一个药罐子。
所以，当我——
他最小的孩子参加工作，
可以自食其力后，
他也坦然地卸下了身上的重负，
并在千岛湖畔开启了
一个渔夫的生活，
日出而作日落而息。
他的退休工资因此比同龄人少了近五分之一。
近三十年来，可以计算的损失是三十多万元，
一个令村里同龄人唏嘘不已的天文数字。
但父亲又从来不曾后悔过。
在他孙女出生后，
他陪同老伴来到杭州——
这个他孩子工作与生活的
陌生而繁华的都市。
十二年来，
他坚持每天早晚两次
沿着钱塘江北岸江堤散步各一个小时，

风雨无阻。
就在不久前,
他徒步登上黄山,
背着旅行包,
脚步轻盈地走在
一个气喘吁吁的队伍的最前列,
仿佛一个白发飘飘的少年。
而在光明顶观光台驻足的间隙,
我们聊起往事,而他唏嘘于
与他相熟的同龄人,
过半已然不在人世。

微 甜

我是突然间意识到
并惊诧于
我的整个青春期都处于一种极度焦虑中,
在一种时代的症候广为人知之前。
是诗歌,还是经文终于带给我以拯救?
而我甚至不知道
我是从什么时候开始获得了
一种淡淡的欢喜——
那"无色声香味触法"处的微甜。

江山处处之胜迹

不是挥霍
而是"我善养吾浩然之气"
成就了,
江山处处之胜迹。

不是贫与富

不是贫与富,
所谓的贵贱
是你在白发苍苍时
能否依然拥有
一副如是清癯的面容?

汉语的温润

越来越多的人辨认并指出,
那不断从你脸上浮现的,
恰是汉语的温润。

隐秘的知音

文学说到底是为那些公开
或隐秘的知音存在的,
并一次又一次地
为这残缺的人世赋形。

四十六岁

四十六岁,我已过不惑之年很久很久。
而知天命离我还有多远?
我又一次被盛怒劫持到一处悬崖
令我如此羞愧,
并惊讶于修行,
以及圣人期许的一个丰厚人世
如此之艰难。

在她远未尝尽这人世之悲欢时

在祈祷时,我眼前经常会浮现
一张泛黄的照片,
一副母亲年轻时微笑着,
又仿佛在哭泣的脸庞,
在她远未尝尽这人世之悲欢时。

遥远时代的遗像
——悼诗人温远辉

我们有过两面之缘。
第一次是在一个诗会上,
在我们共同的异乡。
更多的细节已忘记,
而我只记得你的谦逊
与温文尔雅。
大约一年之后,
你领着十多名同事路过我居住的城市,
在觥筹交错间,
我们的欢笑,
我同样记得。
之后是逢年过节一些简单的短信问候,
直到两个寒暑之后的
这个渐渐浓郁的深秋,
你仙逝的消息不断从网上传来。
而在最初的瞬间,
我把它当成一个恶作剧,
或是一个不为我所知的
同名同姓者,
直到我点开标题,
看见了一副温柔敦厚,

同样是汉语的面容,
仿佛——
一个遥远时代的遗像。

一首诗的有与无

是对那些细微
甚至是不可见之物的感受
决定了
一首诗的有与无。

延光法师

我们最初的相见,
是在天王殿与大雄宝殿之间
开阔的礼佛广场上。
你正和一位来自上海的香客热烈地讨论
高铁、绿皮火车、自驾、长途巴士等几种
从上海来净慈寺礼佛的交通工具之间的优劣。
你对那些线路显然是熟悉的,
包括在上海怎样坐地铁到虹桥火车站,
以及从杭州城站或火车东站出发
需要乘坐的地铁与公交线路。
我加入你们的攀谈
是你说起你的故乡——
在浙江西部——"金华再过去一点的衢州"——
也就是钱塘江的源头。
"开化"是我帮你说出的,
我接着说,我的故乡是与开化相邻的
淳安。而你补充了一个更广为人知的名字——
千岛湖。
我们在聊到一位我们都熟识的
净慈寺曾经的当家和尚,
后来归隐于千岛湖中一个小岛上的延光法师时,

我们之间的谈话明显地热烈起来。
你也悄悄修正了之前与上海香客说起的
你刚来到这个寺院的说辞。
我也渐渐理解，
当我追问你来净慈寺之前的经历时，
从你眼中掠过的
一丝躲闪，
而你只是强调到净慈寺是需要考试，
只有合格者才会被留下。
你接着说，你算得上这个寺院的老人了。
你来到这里已整整十五年。
十五年来，你先后经历了六位当家，
延光法师是第二位。
你对杭州城内寺院的重大人事变动是稔熟于心的，
而你为这些人事变化提供了一种世俗角度的解读，
令我稍有惊异，但又并不意外，
甚至仿佛更合情理。
而我显然对延光法师的最终去向要更关注些。
他在净慈寺当家的一年多时间里，
我们经常见面，喝茶论道，
我们还曾进行过一次书面的对谈，
整理发表在一家佛教内刊上。
在他归隐千岛湖的小岛后，
我们也曾通过几次电话，
但又终于失去了联系。

你说你曾到千岛湖探访过延光法师,
在一个由一天一班的渡船
与外界保持着联系的小岛上,
一个只有三四个出家人的寺院,
与曾经杭州城内香火最旺,
直至今日依然作为江南重要道场之一的净慈寺
不可同日而语。
关于法师的近况
你同样是语焉不详的,
你说你们后来同样失去了联系。
但在我们即将告别时,
你还是向我透露了一则关于延光法师的传闻,
大概是由法师的一位同乡提供的:
法师已于大约三年前还俗,
就生活在杭州城里,
并与他现在的家人共同经营着
一家禅修公司。

唯有阴阳和合中的欢喜

清程趾祥《此中人语·瑶池浇花女》:
"丽人先醉,履舄交错,
频频流睇送情。"
几百年以后,那对多情的男女去了哪里?
而唯有阴阳和合中的欢喜
依然温暖着
一个从来而寒凉的人世。

这个世界会好吗

这个世界会好吗?
而你不断追问的,
是你能否终于成为
那个更好的自己!

第二辑　一行永不再完整的诗

当你知悉

这注定是一个悲欣交集的人世。
当你知悉——
无数的星辰在一个瞬间诞生,
而无数的星辰又在同一个瞬间
悄然消失。

他并不知道

他并不知道,甚至从来没有想到过,
这次短暂的出行后
他再也没能回到自己家中。
或许,他曾设想他的归期是一周
或半个月。
他是在家人的陪同下
去省城那家熟悉的肿瘤医院做进一步治疗的。
虽然在上一次的检查与治疗中,
医生告诉他治疗效果不佳。
他也知道自己已来日无多,
他曾在电话中告诉远方的亲友,
或许还有三个月或半年时间。
但他又坚信医学的最新进展
终将为他从厚厚岩缝间带来
那道微弱而如此炫目的光。
而他终于从那位一向和善的医生的
严词拒绝中瞥见了
死神那道冰冷而坚毅的目光。
在他固执地
坚持留在医院等待新的治疗方案后,
医生告诉他,

他身体中的癌细胞已扩散到几乎所有的器官,
而肝脏尤甚,
为大大小小的肿瘤所包裹。
他隆起的腹部是因为严重的肝腹水,
而任何新的治疗都意味着一次新的伤害。
她说,他早一天出院会比晚一天更有利,
无论是对他自己还是家人。
事实上,他的病情在当天下午直转急下。
而在一次次昏迷的间隙,
他不断催促妻子动身回家,
他妻子也一遍遍安慰他说,
等天亮就出发。
当他们联系好的,从他们县城赶来的救护车到达时
已接近中午,
他们原计划在回去的途中
经过他故乡的高速口时短暂停留,
以与早已守候在那里的父母
及同学亲友做最后的告别。
但随行的医生建议他们直奔县城医院,
因为他的血压已发生几次急遽下降,
他们担心他能否坚持到
他已然生活了三十多年
而终将"魂归"的故里。
他是在回到县城医院三十多小时后去世的,
在这期间,他一直处于昏迷之中。

只有当他年迈的父母从一百多公里外的故乡匆匆赶到,
而他母亲握住他的手,
并轻声地呼唤他的小名时,
一行眼泪从他苍白的脸颊上
滚落了下来。

不是因为你看见了什么

在离开郦云平工作生活了二十多年的导航台的
乡间小路上,
他的同事小官说,郦在导航台里养过两条狗,
除了刚才我们看到的黄毛,
还有一条黑狗,在郦去世的前一天晚上,
突然剧烈地狂吠起来,
仿佛受到了极大的惊吓,
从门缝间逃脱、消失,
再也没有回来。
而你后背的寒毛突然间竖立起来,
不是因为你看见了什么,
而是因那不为我们所知所见的
远远超过
这为越来越浓郁的暮色和盘托出
而缓缓聚拢来的全部。

命　运

在千岛湖成为千岛湖,
而她们家搬迁到江西一个光秃
而贫瘠的半山腰之前,
她的祖上一直居住在新安江畔,
与同样已沉没在千岛湖水底的千年古城近在咫尺。
她说的
是她父亲的村庄,
但她又说,
如果不是这样的一次迁徙
或者说人世的一次重大变故,
她的父母就不可能相遇,
也就不会有她,
与她的两个妹妹。
她说,她父亲年轻时是那样英俊,
他所在的村庄在当地因富庶而闻名,
以致有歌谣为证,
"嫁到程家,不挑人家。"
她父亲终于成了她那美丽
而命运多舛的母亲的第三任丈夫。
她母亲曾是当地剧团的一名花旦
母亲的第一任丈夫是一名琴师,

在同一剧团中。
一名比他小十多岁的小生为他
生下了一个女儿,
在她母亲生下一个男孩,
也就是她同母异父的长兄之后。
她母亲的第二任丈夫是一位光荣的人民教师,
一名当时罕见的正牌大学生。
而在他们共同生育下两个孩子后,
他从离家五十里外的学校突然被公安带走,
随后以强奸罪名被判无期,
七名被确认的受害者中有一位年龄超过六十。
这之后,她母亲与父亲同时加入到了
迁徙的大军,
并在这共同的异乡相遇,
并最终走到了一起。
她说,她从来没有抱怨过命运。
而在她随即从手机中翻出的
一张她父亲去世前的照片上,
经过多次的放化疗后,
他眉宇间的英气并没有退尽,
而站在他边上的
她的母亲满脸皱纹深处,
我们同样可以望见
一名当家花旦当年舞台上的神韵
与风姿。

诗

诗是我们在凝神
或忘怀中所获得的
那些最初的悲
与喜……

仿佛一盏照亮着整个房屋的灯

父亲一大早去了菜场,
像往常一样,
他从那里带回三个新鲜玉米。
当我起床时,
他已第二次从菜场返回,
并沮丧于那不知下落的钱包。
钱包中有钱五六百、身份证
及卡数张,
他说他已在单元楼与菜场之间来回走了五六趟,
而摊主明确排除了钱包遗落在他那儿的可能。
一顿沉闷的早餐之后,
我领着八十三岁的老父亲
去离家最近的户籍办理处补办身份证,
填表格、登记、拍照、按指纹,
指纹比对了八次,还是失败了,
但户籍警察还是通融地放行。
相对于几年前要回近两百公里外的老家办理,
一切是如此便捷。
在从户籍办理处回家的路上,
父亲的神色明显轻松了许多,
中饭后我照常去北山路,

在地铁上，
阿朱打来电话，
说五岁的侄子在小区
被一辆刚刚启动的车子带到车底，
已由肇事者送往江对岸的儿童医院，
家人也都在赶往医院的途中。
我赶紧在最近的车站下车，
反方向过江，
然后打车赶到医院，
小侄子正在做各种检查，
但应没有大碍。
一家人庆幸于不幸中的万幸，
而肇事司机依然脸色惨白，
他依然没有从最初把一个孩子从车底下拖出时的惊惧中
缓过神来。
检查结果是一些皮外伤，
以及右肺的挫裂，
需要挂三天盐水
与大约一个月的静养。
大家终于松弛下来，
除了侄子的父母留在医院，
其余的人都各自回家。
我顺道去医院附近
一个约过我数次的朋友的画室，
看他的近作，

聊一些共同朋友的近况。
我回到家已是晚上七点，
与陪点点在琴行练了一天琴的阿朱汇合，
我们一起用餐，
餐后我读书，
点点与阿朱一起看一个热播剧，
笑声在她们之间交替响起，
并相互感染着。
在我收拾餐桌与洗刷餐具时
已是晚上九点，
父亲脚步急促地走到我身后，
而我转身，
与一副异常兴奋的脸庞相遇。
他说，他刚准备上床，
在铺开被窝时，
钱包完好无损地
从被窝中滚落出来，
而他右手高高举起的，
仿佛一盏照亮着整个房屋的灯。

普仁寺

最初是对一条溪流的追随,
而一种莫名的吸引为你敞开了
一条通往山巅的路,
直到你震惊于庙宇的森严
与山林的寂静,
你甚至忘了清晨的空气中
那一丝丝沁人心脾的甜,
而经常挂在你嘴边的"岁月静好",
仿佛一个崭新的词,
并第一次从你心底浮出。
你在一只雀鸟自在
而欢喜的啼鸣中,
知道了这座山的名字为狮山,
这座古老的寺院叫普仁寺,
它始建于公元九五八年,
而苏轼在狮乳泉的岩崖上
题写下的"喷雪"二字,
在千年之后依然光洁如新。

沿途的青山

我望着这沿途的青山,
一直望着,并终于知悉,
巨龙那最初的栖居
与所自。

在良渚反山王陵

五千年后,
你曾经的肉身与残骸
已化为腐殖质与泥土的一部分,
在我此刻伫立之地的正前方。
只有散落于墓穴中的玉琮、玉钺、玉璧
标识出了
你曾经那显赫的一生。
你最后的归瘗之地
被五千年后的人们认定为王陵。
而此刻,你又是谁,
你获得了一双怎样的眼睛,
一副怎样的脸庞,
并又一次与我们相遇
在这茫茫人世。

祖 母

祖母的死是她为我送来八岁生日礼物,
那从围兜中取出的
十个土鸡蛋不到一周之后。
她骤然离世的前一天,
我的两位与她生活在同一个屋檐下的伯母
发生了剧烈的争吵,
她因阻挡其中一位手中挥舞的钢叉
而在手心留下了
一个细小但极深的伤口。
祖母的死讯是由三伯父带来的。
我们一家人正在院子里,
整理经过整个通宵打下的稻谷。
我依然记得父亲在最初的瞬间,
仿佛被冰冻结住的
一副疲惫而震惊的脸庞。
祖母嘴角的白沫还没来得及拭去,
而她的脸庞依然是安详的。
葬礼随即成为
一个节日。
我领着一群同龄的孩子
在人群中穿梭,

并为他们不敢像我一样靠近祖母成殓后
停放的棺木
而暗自得意。
我依然记得葬礼上
那碗因泛着油渣
而有了一种奇异之香的面条,
以及在送祖母上山落葬的
泥泞山路上,
我在哭天抢地的送葬队伍中
流下的眼泪。
而悲伤直到多年之后
才一次次醒来,
当我渐渐地,
又仿佛在一个刹那间
理解了
那永远的告别。

转译器

诗人必须成为一个宇宙讯息
与密码的接收及转译器,
他必须凝神屏息,
以不错失
那来自时间与空间
双重深处的召唤——
那汩汩而出的
悲与喜。

孤　往

不要与周围，甚至是同时代人去比较，
而你又因孤往，
因终其一生的徒劳，
而终于说出
一个圆满人世。

夜幕即将垂落

夜幕即将垂落，
恰是这人世最苍茫时。

枯　荷

如果不是诗，
又会是什么让你走出
一条决然不同的道路，
并终于得以
与这片冬日的枯荷相遇。

发现与见证

一颗慈悲而智慧的心
一定会发现与见证
一个艰难而圆满的人世。

在从保俶塔通向宝石山山顶的崎岖山路上

在从保俶塔通向宝石山山顶的崎岖山路上,
他和我滔滔不绝地讲述他所自的
一个枝繁叶茂,
甚至可谓辉煌的家族。
他的伯父与姑妈
及同辈堂、表亲中
有好几位司局级干部,
而他父亲这一支最为衰颓,
虽然他父亲早年留学美国,
母亲也是离休干部。
但自从姐姐去年离世后,
他在国内已没有至亲。
他怕连累他的堂表亲戚,
回国定居后从来没有联系过他们,
而他们也从没有主动联系他。
他现在是一个名副其实的三无人员——
无房、无退休金、无医保。
他在荷兰曾经缴纳过十五年的保险,
但在回国时
坚决地退掉了。
（他为此还费了很大的周折。

这项保险在荷兰是强制性的,
作为一项基础保障。)
但每年一千五百欧元的保险费
对他来说是一个沉重的负担。
回国后,他在南方一个海岛上的大学
担任中文教职,
十二年后,又因外籍身份不能获得退休金。
他说,他并不过于担心未来,
也不去想明天。
事实上,过去的几年中,
在一个个艰难的关口,
又总能逢凶化吉。
最初是素有诺贝尔文学奖风向标之称的
纽斯塔特国际文学奖,
前几年是《诗建设》诗歌奖
与国内的另一个奖项,
最近两年他参加了许多诗歌活动,
只要对方愿意支付出场费,
从两三千
到万元不等。
他说,他并不过于担心,
也没有什么可怕的!
他的身体还算硬朗,
生活中除了房租外,
他的衣食住行的开销很低。

他身上的西装

是二十多年前在荷兰买的。

现在，他坚持吃素，

每天两顿，

过午不食的习惯也没有引起营养不良。

事实上，他这几年在写作上

反而能更专注了。

而他满头的银发还是吸引到

山路上络绎不绝的行人的注目。

在通向黄龙洞的下山的路上，

他说起他在荷兰的前妻——

一个汉学家，

一个倔强而偏执的女人。

"她居然在工作满三十年，

临近退休时辞职，

因为受不了一个主管的'鸟气'"。

他说，她完全可以消极怠工

甚至请长病假。

这真是一个不可理喻的女人。

你知道，荷兰人是多么会精打细算，

她却主动放弃一大笔马上到手的退休金！

但每个人都有自己的命运，

好在，她现在的丈夫经济条件还不错。

而在他愤愤不平地大骂

那个不计后果的女人时，

我们都不约而同地笑出了声,
仿佛他骂的
是另一个自己。
只有在说起女儿,
这个世界上
仅存的至亲时,
他才真正是动情的,
声音中仿佛有了一丝哽咽。
他空荡荡的钱包皮夹中装着
一张女儿五岁时的照片。
今年她已经二十一岁了,
在荷兰一所大学读一年级,
也有了男朋友。
他给她写的所有信件均石沉大海,
包括他前妻几次出差到北京,
他让她捎去礼物后。
他说,
她应该是恨透他了,
虽然在年幼时,
她是那么那么地黏他。
或许,她依然不能理解
与原谅
他在她六岁时
那么决绝地离去。

枯　叶

你必须在死亡中理解生,
就像你必须从一片枯叶中萃取永恒。

在一个杯盘狼藉的餐桌旁

在一个杯盘狼藉的餐桌旁,

他说起三十一年前,

他的女友,

一位医科大学的大三女生,

在他们一次长长的深吻后,

猛吸了两口香烟,

然后,将烟灰弹进了

实验室桌面上

一个敞开的头盖骨中。

而很快,

他们共同迎来了这个时代的

一个重要的时间节点,

并从此杳无音讯。

他说,他依然无法忘却那个皮肤黝黑,

高挑的女孩,

而他不知道——

此生,

他们还能否再次相遇?

执 着

所有的割裂与隔绝
都源于我们的执着。

这尘世中的万物

这尘世中的万物，
这依然欢喜着的
我和你
这一粒，一粒粒
正落向水面的雨滴。

夜色越来越浓郁

夜色越来越浓郁,
直到云亭在对岸,
依稀——
而终于无法为你所辨识。

一种深深的敌意

一种深深的敌意，
源于一股如此倔强的清流，
在这浊世的突兀，
而为更多人捎去的不适
与惊扰。

爱自己

爱自己,
爱——
神那从这无穷无尽的幻象中
得以显现的通衢。

回　望

二十二或二十三年前的一个傍晚，
你陪同我去体育场路出版大厦
一楼的书店，
并向我推荐了艾米莉·狄金森、帕斯、
米沃什，
而在此后的一次次的回望中，
仿佛有一道时间深处的光，
在那个夜晚找到了罅隙。
我甚至不能确认，
如果不是这样的一次
以及一次次的相遇，
我还能否成为今日的我？
而这二十多年后的
另一次回望同样是惊心的：
当我知悉，
我早已不可能获得
一种世俗意义上
所谓的成功，
在我尚未做好准备，
以承接这样的命运
很久之前。

彩 石

多少的"兼济"
成为一种伪装后的私欲。
或者说,相对于兼济天下,
你更愿意成为那个独善其身者,
并立志于
以这最微小的善
熔炼出女娲手中的彩石。

瓷 器

一个对瓷器无感的人,
他很难真正理解你,
以及东方的文学与艺术。

你越来越坦然

你越来越坦然
去成为一个孤家寡人,
对应你对人世从来之艰难的
一种越来越深切的体认。

在即将通过登机口时

在即将通过登机口时,
你紧紧握住我的手。
我们互道珍重,
我的鼻子突然涌起一阵酸楚。
你那满头的银发成功覆盖住的后脑勺
几次扭转过去,
在廊桥拐角之前,
我们一次次挥手。
而就在刚才,
在候机大厅,
你不住地感慨着
岁月在我们各自脸上留下的
深深印痕,
你说,就在两年前,
你还一直把我当成
一个"不老灵童",
而仅仅两年之后,
我已两鬓苍苍,
俨然——
一个标准的中年人。

束　缚

技术是通向自由与简洁的
那一次次被发明出的束缚。

迄今犹记

2020年正月初一,小雨。
小区的小路上无人,
大街上无人,
钱塘江北岸那曾经熙熙攘攘的游步道上
无人。
你走过的
仿佛是一座似曾相识的空城。
而你——
已不再是十七年前
那个少不更事的年轻人。
在那个非典最为肆虐的初春,
你与阿朱、刘刘、阿华田
串街走巷,
流连于
一家家冷冷清清的咖啡馆与餐厅
享受难得的静谧时光,
并因此暗自得意。
又仿佛三十多年前,
你在一大群小伙伴面前
率先坐到
一个因崭新而更阴森的墓穴前,

然后与他们一道
以最快的速度逃离,
而那惊惧与战栗中的欢喜
迄今犹记。

庚子年正月初三

庚子年正月初三,
瘟疫正当时。
西子湖畔,
行人以口罩为标识,
稀稀落落,
并与猫儿、狗儿、
乌鸦、麻雀区分开来,
并如此醒目,
就像——
唯有人才会心怀鬼胎,
而终于得以
与我们曾有的羞耻相称。

一行永不再完整的诗

当你读到黛玉临终时的悲鸣,
"宝玉,你好……"
这个已永远不可能重新完整的句子时,
你的眼泪滚落了下来。
不是因纸上的故事,
而是你突然想起,
你的一位远亲临终时
在手机上写给他爱人的
一条几乎一模一样,
又终于没有发出的短信。
在他重病六年,
而被主治医生与所有的家人判处死刑,
并从省城医院被接出,
送到他出生的那个偏僻的山村,
那间他年迈父母居住的
昏暗小屋之后。
而他用尽最后的力量
写下了
一行永不再完整的诗。

祖 父

如果祖父依然活着,
得以目睹这个如是残缺的人世,
他应是悲伤远多于欢喜的吧?
事实上,他离开人世已接近一甲子,
在母亲嫁过来的两年之前,
也是他得一种怪病,
瘫痪在床一年多之后。
而在解放前,
他曾作为这个一千多人的
千年古村落中
最富裕的一户人家
年轻的一家之长,
随即因在解放前两年收购到大批,
准备贩卖到省城
而堆满整个峡谷的名贵木料
被一场突如其来的洪水冲走,
而在解放后被认定为中农,
并因此得以出任这个千年古村落
新中国后的第一任村长。
他的四个儿子也算争气,
两个吃公家饭,

一个后来接替他成为村支书,
最不济的,沉默寡言的长子,
培养了村庄中
本科毕业后
第一个成功在省城落户的大学生。
四个儿子也还算高寿,
虽然老大与老三因病去世时
不满八十,
但二儿子与小儿子
今年已分别九十与八十四岁了,
依然健康、硬朗。
而他的孙辈的境况
又多少是
不尽如人意的。
四个儿子家中的长子
先后早逝,
仿佛《旧约》中,
那些受到诅咒的埃及人。
最小的是老三家的,
夭折时尚在襁褓中。
小儿子的长子两岁时得了脑膜炎,
抢救回来后,十岁突发癫痫,
作为脑膜炎的后遗症,
在二十八岁那年垂钓时
落水溺亡。

可能最令人扼腕痛惜的
是他长孙,
即长子的长子,
也就是村庄中第一个本科毕业后
成功在省城落户的大学生,
在一天上班的途中,
因赶赴单位一次难得的外事活动
骑车闯红灯
而被一辆疾驶中的大卡车撞出十几米,
倒地、爬起,
重新倒地后
再也没能站起来,
时年三十有五。
四个早逝者中,最晚离世的
是二儿子的长子,
因父亲退休时未按农村惯例将顶职名额
给他这个长子,
(因为他已成家,娶了一个农村女人
顶职对命运的改变或许不会那么显著)
而是给了他尚未出阁的妹妹。
之后他长期酗酒,
两度中风,
离世时未满五十。
现存的孙辈尚有:
老大的五女一子,

老二的二女一子,
老三的三女一子,
小儿子的一女一子。
小儿子本来还招了一个上门女婿,
但在生下两个曾孙女后,
女婿得病去世。
而在曾孙辈中,
则几乎是清一色的女性,
除了二儿子早夭的长子留下的
两个男性的子嗣,
作为村里十多个壮年光棍中的两个,
现均已年过四十。
好在他孙女们的后代
总体都较有出息,
子女的教育也更成功,
共培养了十二个大学生,
两个硕士、一个博士后。
如果他依然活着,
应已是五世同堂。
或许,他也已试着理解,
并学会以"时代不同了,
男女都一样"
来宽慰自己。

原　谅

一个曾时时处处对你使绊子的人落难时，
你向他施以援手，
并非是你已原谅他曾经所做的一切，
而是非此，你将终生不得安宁。

一首伟大的诗

一首伟大的诗意味着
在你写下它之前或之后,
在你读到它之前或之后,
你的生命已发生
一种决然的分别。

一个曾经如此显赫的村庄

这是一个曾经如此显赫的村庄,
中国第一个女皇帝陈硕真
与唐代诗人皇甫湜、皇甫松父子的故里,
在宋明两朝还曾出过一门四进士,
其中胡拱辰是明代淳安籍
第一个朝廷一品官员。
(稍后,才是另一个彪炳史册
而声名更为卓著的
三元宰相商辂。
事实上,他们之间有许多的交集,
胡拱辰作为更早的及第出仕者,
也很受商辂——
这位长自己两岁的乡党的敬重。)
而在二十世纪五十年代末六十年代初
新安江水电站的建设过程中,
村庄中近三分之二的人口分两批次
迁居江西与邻近的遂安,
剩余的三分之一在一百多米远的后山山坡上
修筑起一排排整齐的
用黄泥夯出坚实墙体的房子,
只有外祖母与曾成为三舅妈的另一户人家孤悬于

这个崭新的村庄之外。
他们的门前是后来被命名为千岛湖的
一片辽阔水域,
后面则是空空荡荡的田野。
这里风景绝佳,
视野也极其开阔,
但在乡村风水师眼里,
又有诸多不利。
外祖父与外祖母在未满七十岁时
先后得病离世
似乎成为某种佐证。
而在这之前,
和外祖父外祖母共同生活在一起的三舅
与大他两岁的邻居,
也是我的前舅妈离异,
因三舅的火爆脾气,
并因一次暴力事件两家结下世仇。
前舅妈改嫁到五十公里外的
一个小镇。
三舅续娶了
一个后来名重江南的名医的弃妇。
新舅妈在一对儿女刚刚长大成人时
因病去世,时年不满六十。
远嫁他乡的前舅妈
也没有在这生活的巨变中迎来转机,

在她与后来丈夫生下的孩子
长到十五六岁时，
丈夫因车祸离世。
而更多的不幸发生在她娘家兄长身上。
她的两任嫂子先后溺水身亡，
而当时与她们同船
其余的老迈与年幼者
都成功回到了岸上。
同村的
一位年近九旬的长者感慨说，
她活了这么久，
同一个人的两任妻子先后落水溺亡，
还是为她所仅闻。
有人把这连续的溺亡
归因于她们未曾谋面的公公——
前舅妈的父亲，
三十多年前，
在几十公里外务工时意外落水，
近十天的搜寻无果后，
在离落水地十多公里外的水面上
被当地人打捞起来，
就地掩埋。
而他家人直到两年后
才闻讯将尸骨迎回。
匆忙间，

那些被挖掘出的泥土
未被及时填回,
而在先前的掩埋之处
留下了
一个空空的洞穴。

伟大的赠予

"记住,那些我们看不见的
无时无刻不在看着我们!"
这是母亲离世半年前
给予我的,
一种这人世最伟大的赠予。
而此刻,
母亲已然成为
那看不见的一部分,
那幽暗的一部分,
并无时无刻不在俯视
并看护着我们。

大地之心

你不再取悦于任何人,
并伴随于一颗大地之心
缓缓浮出你的面容。

悲　凉

我心中有无尽的悲凉，
无尽的悲凉，
无尽的悲凉……
直到——我看见了
一个本来的人世。

第三辑　山水与人世

盛誉亦是

毁谤是岁月深处
落满我们身体、发肤的尘埃，
盛誉亦是。

最初的看

所有能帮助我们
重获一种最初的看的,
都在促成
一种伟大的至善。
无论顺逆,
无论曾带给我们的
是那欢愉
抑或沮丧。

分崩离析

语言的羸弱,
恰是生命的羸弱,
恰是——
我们在根本处
与道之关联的松动
以及人世终于迎来的
分崩离析。

我们终其一生徒劳的意义

生命,或我们终其一生徒劳的意义
在于我们终于可以坦然面对
自己的衰老与死亡,
以及那所有
曾令我们如此沮丧的一切。

他们曾作为天造地设的一对

他们曾作为天造地设的一对,
作为人中龙凤而为乡人们所艳羡。
她曾是这个乡镇唯一幼儿园的
最年轻而漂亮的一位老师。
而他则是乡政府中
六个有编制的工作人员中的一个。
生活之种种不如意
始于他们结婚三年后
依然未能育有一子。
最初是婆婆的冷言冷语,
之后,
他们一起悄悄寻医问药。
丈夫作为绝精症患者
并没有让她有丝毫的解脱。
大约半年后,
是他率先提出,向他们共同的好友——
一位年轻的乡村中学教师借精。
他是那样的风流倜傥与智识超群。
他们都渴望一种优异的基因
在他们后代身上得以延续。
事实上,一切恰如所愿,

很快,她生下了一个胖小子。
而风言风语始于孩子出生之前,
并伴随着乡人们在孩子的眉宇间
找到越来越多生父的影子,
而在唇齿间
席卷成巨浪,
并伴随于一个曾经的
坚固同盟的瓦解。
他们终于在一次
剧烈过一次的争吵中离异。
之后,她背负着水性杨花的骂名,
独自带着孩子来到了省城,
并在一家郊区幼儿园
找到了最初的落脚点。
生活的压力没有变得更大,
也没有变小,
而是获得了新的面貌。
或许,相对于乡人的交头接耳
与指指点点,
这里展现的
是生活更本真与原初的一面,
除了一日三餐,
更让她焦灼不安的是房租
与孩子的教育等费用。
之后,她先后做过钟点工、酒店服务员、

保险公司业务员……
在此期间
她曾与一位同样离异后,
在这个大都市中打拼的老乡
短暂地同居。
那位泥瓦匠,
曾为她提供过
一个温馨而安全的港湾,
但很快又因气质与志趣的落差
而分开。
人生的重大转机
始于一个极其偶然的机缘,
一位保险公司的前同事
约同她跳槽到一家房产中介,
并伴随于这个国家长达二十年的
房产牛市。
大约在十年后,
她成为这家房产中介的店长,
并在这个寸土寸金的都市中
买下了第一套房子。
在她拥有自己的房子后不久,
她找到了
一个终于可以白头偕老的男人,
并给予一个故事
以童话般圆满的结局。

珍惜那值得珍视的

珍惜那值得珍视的,
而又坦然于
一个本来
而寒凉的人世。

还会有两个二十年吗

还会有两个二十年吗?
在相遇后的
第二十一个年头的
一个寂静的深夜,阿朱问。
再过两个二十年,
我八十七岁,她八十又三了。
如果另两个二十年是获得允诺的,
而我们依然能记起
这个感伤远多于欢喜的夜晚,
我们是否会为
人世在那一刻依然的完整
而潸然落泪?

你必须

你必须锻造出
一根透明
而最结实的缰绳,
并终于配得上
这人世的不羁
与自由。

十年前的那个初夏

十年前的那个初夏,
一个骑摩托车的年轻人
在拥挤的车流中不断来回穿梭,
他的身体随着车身持续地扭动着,
并两次从你的车头前斜着切过。
"他迟早会出事的!"
在你愤愤不平的诅咒声刚落时,
摩托车碰到了
左前方的第二辆车的车头,
车手落入右道,
你正前方的那辆丰田小轿车
刹车不及,
左前轮从他的脑袋上轧过。
十年过去了,
你依然未能卸下
那压在你心头的巨石。
而你——
愿意成为一个永远的哑巴,
在你们尚未相遇之时。

仿佛还在昨日

一个为少妇丰满的臀部所吸引
并尾随,
连续穿越了两个街区的年轻人,
向我绘声绘色地描述了
他在大学期间做过的
一件疯狂的往事,
在我们刚刚毕业后
共同居住的
那间单位的集体宿舍。
不久后,他离职创业。
而当我们再一次相遇时,
我们都已两鬓苍苍。
青春,就像那堆遥远、
恍若隔世的火焰。
而那间小屋中
曾经的喧腾与惊悸
仿佛还在昨日。

在月球上不会有声音

"在月球上不会有声音,
因为那里没有大气层。"
当点点把科学老师刚刚教给她的知识
转述给我时,
一种巨大而莫名的惊诧
在那一刻突然捉住了我,
而我曾那么
那么强烈地渴望,
我此刻的呼喊,
能终于从另一颗遥远
而古老的星球那里
得到回应。

最　初

最初,要向山中撷得一组诗,
你才觉得不虚此行,
后来是一首、一行,
更后来
只需移易一个词,
一个字,
直到你终于发现
并惊诧于你所有经过的
恰是那最美好的
山水与人世。

她应是你的同龄人

她应是你的同龄人。
她的美貌
在这个近三千人的大单位中
人所共识,
并伴随着她的职位不断地升迁
而为越来越多的人所瞩目。
她的美丽与优雅是显而易见的。
据说,她还酒量惊人,
豪气丝毫不逊
周围那群叱咤风云的男人。
你们之间曾有过多次
工作上的接触。
她极其敬业,
为人热忱,
但一种上海女人的精致
与时尚,
又始终将你们远远地隔开。
很快,
因为工作岗位的变动,
你们之间不再有交集。
但她依然如一颗明星般

闪耀在这个行业大家庭的天宇。
你也一直确信,
只要一抬头,
你就能准确无误地发现它(她),
直到这个崭新
而又没有任何征兆的清晨,
她的死讯传来。
在服用近半年的抗抑郁药物后,
她从十六楼的居所
一跃而下,
在这个世纪瘟疫
初步得到控制的早春。

妈妈离开我已三年

妈妈离开我已三年。
三年来,
她的音容笑貌
每天都会几次
从我脑海中浮出,
仿佛我们从来没有分离。
而我已然放下,
那曾如此浓郁,
仿佛——
永远都化解
不开来的悲戚。

年过四十

年过四十,
我始得见
汉语之美,
以及故土的深厚。

鸿　沟

是摩天塔的建设过程中
对后期可能作用越来越小的奠基者
与铺路人取舍的分歧，
导致你们最终的分道扬镳。
多年之后，
当你和你们的一个共同好友
说起这段艰难往事，
以及你心底的遗憾与沮丧时，
一种相同的决绝带给了你
深深的震撼与惊诧。
他说，你必须放下其余，
以通往一首真正的诗。
会有一首真正的诗吗？
而你正是在那一瞬间
看清了
一道从来就在那里，
并将整个人世
隔绝开来的鸿沟。

如此密集的死

农历新年到清明节这短短的两个月间,
小村先后送走了五位老人。
最年轻的七十七岁,最年长的已八十九,
应都算得上得享天年。
但如此密集的死
还是让你感叹与唏嘘,
并终于得以与在这场世纪瘟疫笼罩下
你心中的压抑与隐忍相称。

死亡没有变得更容易

死亡没有变得更容易,
而是因你逼近生命的秋天,
而更敏锐,而感伤于,
落叶——
那从没有停息过的沙沙声。

小说家余昌顺

他是我故乡唯一一位
真正意义上的小说家,
二十出头时
就在这个国家的最高刊物上发表小说。
(或许,并没有多少人能理解
这样的一份肯定或殊荣
对一个生活在穷山沟中的年轻人
意味着什么,
而他后来对文学的
一种事实上的放弃,
(虽然,他已是在任的县作协主席,
也是唯一一位
依然生活在本土的
国家级作协会员。)
我曾多次在他当面
或外人面前表达过惋惜之情,
但又很能理解他的选择。
"他出生极其贫寒,
幼年丧父,
很早就养家择业,
从最初的公社广播站值机员,

到县广播站编辑、专题记者、

社教中心主任,

再到县传媒集团副总编辑,

一路来,走得辛苦

又踏实。"

就像一篇在他因脑出血倒在工作岗位上,

深度昏迷二十一天后,

他同事采写的报道中所描述的。

我们最近的一次相见是半年前,

在一次近百人参加的大型会议的间隙,

他说起他这几年正在写作,

并预计在未来一年内完成的

《一个人的淳安地理》。

他说他在两个月前还跑到过

我出生的乡镇做田园采访,

并在我小学老师的陪同下,

到我家院外拍了一组照片。

他说起我故乡的秀丽风光,

以及我并不熟悉的传说

与典故等种种。

而我听闻到这次变故,

是在他处于深度昏迷后的

第二十三天,

当我在惊诧中向我们一位共同的朋友

打听他最新的状况时,

朋友转来了医生最新的诊断,
"他的格拉斯哥昏迷指标一直在 4 以下,
而 10 是一条苏醒的生死线。"
朋友接着说,医生对他最好的预期,
是生命体征能在相当长的时间中
得以延续的植物人。

如果不去考虑后辈的名声

如果不去考虑后辈的名声，
她会选择服毒或跳河，
趁她还能够独自去储藏室
取来散放的农药，
或借助拐杖
走到一百米外
村头的水泥桥，
并翻过那道半人高的栏杆，
就像村里之前
另一个老人曾经示范过的那样。
她说的后人仅仅指的是
她常年在外地工作的儿子，
而不包括儿媳妇与孙女。
孙女也已有了自己的孩子，
正在娘家坐月子。
她说，事实上，
她们早已盼着这一天的到来。
而不让她们将她的葬礼
办成一个伪装后的喜宴
已是此刻支撑她继续活下去的
最大动力，

并作为一种持续了近九十年的强悍人生
依然在延续的标识。
而那从她的脸颊上滑落的泪滴
给予一个倾听者的震撼
是显而易见的,
仿佛他正目睹的,
是一颗颗从一个铁人眼眶中溢出,
并滚落的盐。

当你的心满盈时

当你的心满盈时,
你看见的花草树木、
远山与浓云
都散发着
一层淡淡的光晕。

没有什么能伤害到你了

没有什么能伤害到你了。
而你依然会因人世
这从来的寒凉
而忧怀、感伤不已。

满天繁星

与你同时代的知音不会太多。
（虽然已不少，
你觉得）
而他们又与你未来，
以及往昔的读者一道
从幽暗之至深处浮出，
为——
你此刻头顶的
满天繁星。

一些不堪回首的往事

一些不堪回首的往事：
打牌准输而沉迷，
买假货而沉迷，
写烂诗而沉迷，
并沮丧，
而正是这沮丧，
帮助我不断地放下，
而给予我以拯救，
而通往——
一首伟大的诗。

十二年过去了

"我快撑不住了,
如果我能活着走出来,
你愿意娶我吗?"
这是汶川大地震的废墟深处,
一位女孩发给
一个男孩的短信,
那一年,
她十八岁,他正好二十。
而十二年过去了,
她依然是十八岁,
他已三十有二了,
而他的新娘
芳龄二十又七。

奇　崛

奇崛是我们重归于平正的
那条唯一的通衢。

寂静的风暴眼

你第一次从这条人迹罕至的林间山路上经过时
遇到同向与相向走过的两个人,
成为你此后几十次穿过这条小路遇到行人最多
也是唯一的一次。
另一次让你记忆犹新的是:
那从你头顶的树梢上传来了惊涛拍岸般的呼啸声,
而你的脚下
依然是风平浪静的,
仿佛你一直置身于
一个寂静的风暴眼,
并驮着整座青山踽踽独行。

在我去单位食堂的路上

在我去单位食堂的路上,
阿朱在电话另一头失声痛哭,
她说她刚赶到医院,她的一位同事,
两个小时前突发心梗,
还没有送到医院就离世了。
他们在今天早晨还打过照面,
也就是仅仅在四个小时前,
他还是鲜活、
笑容可掬的。
而此刻,他已作为一具尸体
躺在医院的抢救台上,
作为一群人沮丧的见证。
他的妻子
在她们赶到后不久
也匆匆赶来,几次晕厥过去。
逝者终年五十有一,
还没有自己的孩子,
但有一个比他小十五岁的妻子
十年前带来的
与前夫生下的女儿,
而他们早已视对方
为生命中最重要的人。

敞 开

你要不断地敞开,不断地,
直至——
终于与世隔绝。

任何一个国度都是不可永续的

任何一个国度都是不可永续的,
但爱国、爱家、爱身边的人与事,
爱——
这注定会弃你而去、
消逝的一切,
自古,并永远作为一种美德,
并作为这个世界从来
并依然作为一个整体的标识。

一切变得理所当然

一切变得理所当然,
恰是人世分崩离析时。

极远处的无穷

真的极处是假吗

善的极处是恶吗

美的极处是丑吗

多的极处是少吗

巧的极处是拙吗

而唯有将一个如此破碎的人世弥合,

并重新凝聚成一个整体的空无,

配得上——

这极远中的无穷!

不假外力

只有不假外力,而仅仅倚靠自己内心的人
得自由。

我倾心的

我倾心的是浓郁至极后的寡淡，
是——那绚烂至极后的
繁华落尽。

重 逢

——赠孙磊

又一次重逢,
我们聊起近二十年前,
我们第一次相遇时,
你喝得酩酊大醉,
并走到路旁的草丛中呕吐。
你的小爱人
在一旁不住地埋怨……
那时,我们都还那么年轻,
并感动于这最初的,
又仿佛期待了
很久的相遇。

一个最简单明晰不过的凶杀现场

一个最简单明晰不过的凶杀现场:
死者现年九十,
倒在自家院子里的水泥地面上。
离他半米远的
一把同样横陈的锄头上
沾着鲜红的血液与白色的脑浆。
凶手比死者小五岁,
坐在两米远的门槛上,
等待闻讯,
还赶在路上的警察,
并怔怔地笑着。
他说,已了无遗憾了。
而此前,
他曾那么忧心于
已满九十岁,
身子骨越来越孱弱的死者
终于死于一阵微风,
而不是这把锄头
或另一把斧子。
而此刻距离
他第一次获悉他依然年轻的妻子

因偷吃死者果园中的一个梨
而被威胁扭送生产队，
而在羞愧与惊慌中被强暴的秘密
过去了整整半个世纪。

他们在雨中亲吻

他们在雨中亲吻,
荷叶上落满了珍珠
与钻石,
他们继续亲吻着,
在雨中,
一切都是无声的,
包括这持续的雨——
包括在他们的嘴唇
再一次分开之前,
荷花那重重叠叠的,
开与闭。

第四辑　时间深处的惩戒与祝福

吴 山

吴山并非吴越两国的分界点,
(在过去十几年中,
我曾一直这样以为)
而是古吴地最南端的
一座声名卓著的山丘,
并让世世代代的眺望者
得以纵目俯瞰
那曾将吴越两地隔绝在两岸的
浩荡,而不舍昼夜的奔流。

诗不是用来突破底线的

诗不是用来突破底线的，
而是因我们对它的坚守
一次次赠予了这人世
以震撼与惊奇。

流浪汉

一个满身泥浆的"流浪汉",
直到我走到近前,
才发现是一个年轻而清秀的女子。
她斜斜地倚靠在离地铁口
十多米远的
一张被雨水淋湿后的长椅上,
她的衣着显示
她来自一个优渥的家庭,
她的脸庞是洁净的,
一种高贵的苍凉,
甚至在某一个瞬间,
我几乎爱上了她。
她是谁?
她曾经历
或正承受着一种怎样的过去?
而在那由人群席卷,
并将我们裹挟、吞噬的洪流中,
我们是否通过彼此的眼睛
看见了——
那共同的未来?

忧 思

那对在林和靖墓前
拥吻的青年男女
引发我的忧思,
是因为在那一刻
我依然没有知晓
阴阳和合中的欢喜
同样是洁净的。

在北山路

在北山路,一个背对着你,
对着手机大声咒骂的女子,
不是那从她的唇齿间喷溅出的
一种如此粗鄙的语言,
而是在她放下电话
转过身来的一瞬,
从她脸上浮出的笑容
深深地冒犯
并激怒了你。

人心的永恒

人心的永恒
是因为它从来作为一,
又幻化为
那世世代代的无穷。

背 叛

被背叛是人生的一堂必修课，
而我又由衷地感激于
你们——
与我共同为这人世之艰难
做出的见证。

不是死

不是死,
而是我们心的惊悸
一次次
为这人世之悲欢
赋形。

姐姐说出了另一种可能

再一次聊到他,
是在他死去近二十年后。
他的一双儿女都已长大,
分别娶妻与嫁人。
正在一旁收拾餐桌的小姨
还是被深深惊诧到了。
她问,是她当年邻居的
那个曾经马上要上门的女婿吗?
三十多年前,
因谈婚论嫁的过程中的
一个细节分开,
然后很快各自成家。
事实上,她邻居的女儿
后来的人生过得并不如意,
随后找来的上门女婿
因好逸恶劳而被诟病,
但似乎又有着难言之隐——
因为一种他自己也说不清道不明的怪病
而无法胜任
那些——哪怕并不繁重的体力活。
他也曾不止一次地抱怨过

他受尽了这一家人的白眼。
小姨接着说，
现在看来，这段并不美满的婚姻
也不算是最糟糕的。
因为即使有情人终成眷属，
也终究是不得长久的。
但是，姐姐说出了另一种可能：
如果有情人终成眷属，
或许，他就不会搭上那辆因他招手，
而免费搭载他，
并在距离目的地大约五公里处的悬崖上
飞坠下去的手扶拖拉机。
而他的死
同样给那个在这次意外中
侥幸逃生的司机，
以及一个无辜的家庭
捎去了，那近二十年后
依然被压得
喘不过气来的巨额债务。

大石佛寺

她在敲一扇似乎从来没有打开过的大门,
在大石佛寺毁于一百六十一年前的
一场大火之后。
她一身的制服,以及洁净的脸庞
给你以勇气,
"可以带我一起进去参观吗?"
一扇大门几乎同时向你们敞开,
你们也几乎同时受到了热情的主人的邀请。
在你们参观完石壁上残留的
千年前的佛像后,
主人指着院落正中央的
一棵巨大的银杏树说,
它的年龄是一百六十一,
作为浴火后的大地
最初之重生的见证。
"在这里,它是最年轻的,
除了我们。"

自 由

自由是你不再需要任何的倚傍,
而仅仅在枯萎中
(那是时间唯一的深处吗)
赢得了
一粒饱满的种子重新落向大地时的
孤绝,与轰鸣。

再相见时

再相见时,
他们已不能以夫妻相认了。
二十七年还是过于漫长,
在他入狱六年后,
为了抚养两个孩子,
她选择了再嫁。
(在蒙冤之前,
他们家的条件在村里算是不错的,
因为他的勤劳
与精湛的木工手艺。
由于患有先天性的心脏病,
她干不了重活。
每次他下地后,
她就坐在田埂上看着他。
她也很少做饭,
经常,收工后,
他从集镇上提一块肉回家,
烧熟,然后一块一块地夹到她碗里。
他总是看着她吃,
他说,他不吃
是因为中午

已在东家家吃过了。)
她确信他的清白,
是因为——
他亲口告诉她
邻居的两个孩子不是他杀的。
她说,在说这话时,
她的眼睛一直看着他。
她说她相信她自己的眼睛,
并在随后的二十七年中
借助字典帮他写了一千多封
申诉信。
而在他们
在离婚协议上共同按下手印之前,
她向现在的丈夫提出了三个条件:
允许她探监,
随时看望曾经的公婆,
以及待两个孩子如己出。
事实上,他也一直信守着最初的承诺。
她说,
对于两者,
她都裹有深情。
现在的男人与她
是两个苦命人的相遇,
以及相互间地
温暖与扶持。

在得知他被无罪释放的一刻,
她先是开怀大笑,
转而又失声痛哭。
她现在的丈夫
并没有出现在欢迎的人群里,
而是塞给她五千块钱,
让她转交。
她还是因一种重逢而来
剧烈的悲喜交加
而昏厥过去,
并被送往了医院。
二十七年终究是物是人非的,
当他身披红绶带,
"凯旋"时,
只有房屋是旧时的模样,
虽然已过于破败了。
而他已认不出他刚入狱时
还不满四岁与两岁的孩子。
因为他们都已长大成人,
并结婚生子。
他的孙子也已大过
两个孩子与他分别时的年龄。
他也已几乎认不出自己的老母亲,
因为她真的已太过苍老了。
她同样没有认出他。

在患老年痴呆症七年之后，
在欢迎的人群中，
在喃喃自语时，两行热泪
从干枯的眼眶中溢出，
并从那张无悲亦无喜的脸庞上
滚落下来。

你要站成一棵伟岸的树

你要站成一棵伟岸的树,
又坦然于"树倒猢狲散",
这人世深处
从来的命运。

曾与我有过一面之缘的母子

一个在他母亲大声的呵斥中
远远跑开的小男孩,
在孤山之北麓。
多年之后,我是否依然能想起——
这对在他们的沮丧中
曾与我有过一面之缘的母子?

释 怀

还有怎样的爱恨是不可以释怀的?
当我们从宇宙的至深处获得了
一次崭新的凝望
或俯视。

塔

姐姐说下一个假期
她准备回家看看三十多年前的
那块属于我们家
而又被废弃已久的菜地。
在与邻村相交的山谷间,
大约七八平方米,
而被终年不会干涸的山泉
冲刷出的小水沟分隔成两部分。
时常,母亲带着我们姐弟仨,
或播种,或锄草,
或浇水。
而我曾用枯枝败叶与水沟中的淤泥
架设出无数的小桥。
正在一旁的父亲
则说起村庄通往菜地半途上
被称为"塔",
而面积比菜地小很多的一间小屋。
只有一扇窗子,没有门,
村中不满三周岁的孩子夭折时,
尸体就从那个唯一的窗口被投进去。
而这间白色的小屋

曾为村中几乎每一户人家
带来过便利。

年轻如此美好

年轻如此美好。
而生活又终究是
那个迎面向你走来的
曾经的少女,
耷拉下的乳房。

一群在人生的翻身战中初战告捷的中年人

一群在人生的翻身战中初战告捷的中年人，
仿佛一群败兵，
在这间临湖咖啡馆幽暗的二楼。
或许，这生命中刚刚逝去的严冬
还是过于凛冽了，
就像料峭依旧的初春，
以及那些裹挟着冰雪的消融。
他们高声述说着贫贱夫妻百事哀的
种种，以及各自生活中
曾经，或依然拥有的
一个不堪的位置。
他们高昂的声音中
夹杂着一种共同的哀愁，
并试着用一种过来人的姿态
理解生活本来的样子。
"家庭是需要经营的，
也是一种艰难的修行。"
几乎话音刚落时，
他们结伴去湖边游逛的妻子与孩子
在楼梯口出现，
仿佛一道光，

并将现场拉回到了
一个家庭聚会原本应有的
其乐融融的样子。

感 恩

一个经历了勾引与被勾引,
背叛与被背叛,以及暴力与倾轧后,
在一桩美满的跨国婚姻中安定下来的女子,
终于说出
对她曾经经历过的一切的感恩。

即使置身于舞台中央

你必须成为
那个不须转身,
而即使置身于舞台中央,
依然与世隔绝的人。

羞 愧

第一次读到新逝者陈珂的诗歌,
我突然有了一种深深的羞愧,
为自己的无知
以及此刻所拥有的
一点浮名。

你会是又一个失败者吗

没有一个英雄不是一个失败者,
从《诗经》《古诗十九首》中无数的匿名者
到屈原,
从嵇康到阮籍,
从陶渊明到李白,
从杜甫到东坡居士,
从老庄、孔孟,
到朱熹、王阳明,
从佛陀到耶稣……
你会是又一个失败者吗?
并终于从一次新的失败——
这时间那必然之深处
得以再一次凯旋。

在回千岛湖的路上

在回千岛湖的路上,
阿朱聊起歌星周杰伦
在一次访谈中说到,
他为了让母亲吃一点可口的饭菜,
(他来自单亲家庭)
总是在吃到一半时,
推说吃饱了,
母亲才会坦然地把剩余的吃下去。
而我突然间想起了
那个同样贫寒的童年,
我曾以检查牙齿为借口,
而迅速将一颗剥好的糖塞进
母亲的嘴里,
她刹那间的错愕,
以及迅速背过身
悄然拭去的
一行泪。

辨　认

是什么将我们不约而同地
吸引到这里？
这长江与沱江的交汇处，
这万古不息的长流。
而当我挥手，你正抬起手臂，
并几乎同时
辨认出了彼此。

这人世从来的哀愁

他说,想来他的祖父从淳安梓桐
迁居临安昌化已历近百年,
准确地说是九十三个春秋。
他们最初寄居于一间废弃的寺院,
直到新中国成立后才得以正式落户,
并在寺院的原址上
建起了属于自己的屋子。
这个与我拥有同一个曾祖
而又离散已久的兄弟,
他言说中的苍茫
同样赠予了我
这人世从来的哀愁。

并不遥远处的未来

每次从电梯走出，穿过小区，
通过另一幢楼的入口
进入地下车库的路上，
他们仨总是雁阵般前后一字排开。
那个已接近暮年的男子走在最前面，
年龄相仿的女子在中间，
一个三十岁上下，
但显然智力低下的女孩
落在最后。
他们之间总是保持五六米的距离。
偶尔被拉开，母亲就会停下来，
等待女孩跟上，
然后重新出发。
他们的表情始终是严肃的，
脸部肌肉紧绷，
而在我们偶尔相汇的刹那，
他们又努力挤出一丝笑容，
以保持一种礼仪。
他们每天清晨几乎相同时间出行的目的地
是哪里？
这对头发花白

甚至有些稀疏的男女
应该已接近退休的年龄。
而有一次，女人拉开地下车库的铁门，
我与她步履蹒跚的女儿
几乎同时通过，
她的手在女儿的臀部轻轻地拍了一下，
而同时从她们，
也从我脸上浮出的笑容，
让我们几乎忘却了
那向他们迎面袭来的
并不遥远处的未来

这最素朴的

只有素朴
（这最素朴的）
才可盛放下
这人世之美善
与无穷。

当我从锦带桥走到断桥

当我从锦带桥走到断桥,
再一次转身时,
雷峰塔的灯已亮起,
仿佛它从来
并一直亮着,
并终于得以与这薄暮中
一个如此饱满之人世相称。

月落日升

语言的背后是人,是他的心与脸庞,
是一个人之所以成为一个人的地理、
气候、风俗,
以及我们头顶的
月落日升。

不可辜负

唯大地与天空,
唯你的心
与日月星辰
不可辜负。

诗歌的意义

不能为我们带来提升,
帮我们成为更好的自己的
诗歌的意义
是什么?
这也是我一直以来视兰波——
这个感官世界极其发达,
(或者说是一种耽于语言的狂欢)
并蔚为壮观成
一个时代之庞然大物
为歧途与迷雾的原因。

羞　愧

我如此羞愧于
当我们相遇时，
我已白发苍苍。

故　人

在工作了近三十年的
单位所在地，
我遇到了一位近二十年未见的故人。
他同样在机场内的另一个单位上班。
在更早时，我们同属一个单位，
后来因改制而分开，
并成为一个大集体的
近两万分之一。
如果不是这个中午
与我相约的球友迟到五分钟，
或许，我们将再一次错过。
（会是永远的吗）
而我惊心于在过去的二十年间，
我从未想起过他，
仿佛——
我们从未在彼此的生命中
有过相遇。

绿色的巨浪

一棵树不是一棵树,
而是那从大地深处翻滚出的
一个绿色巨浪。

简洁之路

增添同样作为一条简洁之路,
就像天地因这一个个崭新的褶皱,
而终于盛放下
宇宙的无穷。

小祖母

二伯父从小被过继给了
他没有任何子嗣的堂婶——
我的小祖母。
她的丈夫——
我的小祖父在他们新婚不久后
被抓去做壮丁，
并很快阵亡。
她的公公婆婆
一直将这个噩耗掩藏起来，
直到这个过继过来的孙子
繁衍出一个枝繁叶茂的大家庭。
而她直到耄耋之年才吐露出
心底的悔意：
她并非对这个噩耗毫无察觉，
她应在更年轻时不管不顾，
重新找一个男人，
开始新的生活。
而她终于活到了
那个年代罕见的高龄，
并在九十岁那年离开了
这个她曾寂寞了那么久的人世。

时间深处的惩戒与祝福

作为晚年得一种怪病,
瘫痪在床两年后,
六十多岁就离世的祖父的
最小孩子——
父亲对他祖父
(即我的曾祖)
的信息
是一无所知的。
而我曾问遍依然在世的父辈亲人
以及我相遇过的同辈,
直到我以为
曾祖的信息已成为一个永远的谜,
直到父亲那位在年轻时移居临安昌化的叔叔
刚满八十岁的小儿子,
在他两个孩子的陪同下突然出现。
相见欢的觥筹交错间,
我的两位均已年过不惑的堂弟说起,
我们各自的祖父,
(这对互为唯一的亲兄弟)
作为当年两位年轻有为的账房先生,
(也同时都写得一手好字)

他们把每月所得上交给吸食鸦片的曾祖父，
直到这位村庄中最富有的一户人家的
一家之长变卖光几乎所有的田地与房产，
十几口人挤居在最后的半间四合院中。
这也成为这两位失而复得的弟弟的祖父
当年追随一位朋友到临安昌化讨生活，
并最终在当地落户的一个重要原因。
而我祖父直到解放初都未能恢复
一个家族在这个千年古村落中
曾经的光荣，
并在新中国成立前两年的那个夏天，
花光家中全部积蓄，
采购来了
堆满整个峡谷的名贵木材，
以准备运到省城贩卖，
作为重振一个家族雄风的
一次放手一搏，
紧接着被一场突如其来的洪水冲走。
那几乎是致命的一击，
并在两年后
解放初的成分划设中
被确认为中农，
直到我们在七十一年后的
一个久别重逢的欢宴间
唏嘘慨叹于

那或许依然不为我们所知的
时间深处的惩戒与祝福。

他们曾经历怎样的一天

他们曾经历怎样的一天？
那个慑于祖母的威吓
与一颗不愿忤逆的心，
终于在成亲当日的薄暮时分
从五十公里外
他任教的学校匆匆赶回家中的父亲。
那个曾与他苦恋了六年，
而又因城乡之间的天壤之别
未能走到一起的大学女同学，
她一开始就在县城落户，
而他被分配到了
一个因被千岛湖水隔阻，
交通极其不便的乡村小学。
他们后来重逢过吗？
如果她依然在人世的话，
应该同样是八十有四的高龄了。
而那个同时被希望
与绝望炙烤着，
并终于收获希望的新娘——
我的年轻的母亲，
那个最初的夜晚是怎样度过的？

她感受到的欢愉
终于多过悲伤了吗?
她曾经历怎样的隐忍?
包括邻里对他们之间户口、学历
与外貌落差的指指点点。
(父亲是当地著名的美男子,
虽然——
母亲直到垂暮之年,
在我眼中都一直是美丽的)
包括他们的第二个孩子,
也是他们长子的疾病,
并终于在二十八岁那年夭亡。
而她又是怎样在岁月的深处
反败为胜,
在每天的晚饭后,
与父亲一同带着他们的孙女
行走在钱塘江边,
并成了
为新与旧的邻里所共同艳羡的
如此和睦——
相亲相爱的一家人。

契 机

每一个人、每一次生命都是奇迹:
当我想到父亲慑于祖母的威严,
而终于在成亲当晚匆匆赶回家中,
以及亡兄在两岁时得一场恶疾,
并终于为我捎来了这一世生命
到来的契机。

两个历经沧桑的老男人

两个历经沧桑的老男人,
九十岁的祖父与四十四岁的孙子,
终于走到了同一个镜框中。
老人鳏居多年,
而因一笔不菲的退休金
造成的抚养权争夺
导致一个曾经风光一时的家庭的
四分五裂。
小女儿成了最终
也是一以贯之的胜利者。
她牢牢掌握着老父亲的工资卡,
每个月给他本人五百元,
剩下的作为她给父亲一日三餐
与日常照顾的费用,具体数额不详。
(老人只记得十多年前
他的退休金是四千五百元。)
他原计划回乡安度晚年,
给乡下的媳妇一家三千元,
(大儿子已在几年前病故)
留给小女儿一千元,
五百元作为自己的日常零用。

而因为小女儿的暗中作祟,
告诉父亲——
嫂子因记恨之前的矛盾
而不愿接收他,
(事实上,他儿媳妇是在十年后
第一次获得这个信息)
以致老人直到九十岁都没有再回过村庄,
并对这个儿媳妇耿耿于怀——
"因为她不要我了!"
镜框中的中年人是老人的小孙子,
今年四十四岁。
他与大他一岁的哥哥
作为这个近千人的村庄中
十多个壮年单身汉中的两个,
也是老人孙辈中
仅有的两位男性。
(另外三个子女留下了
四个女性的子嗣。)
他们的父亲,
也是老人的长子,
因为当年老人提前十年退休,
以让小女儿顶职,
(她和她母亲相继以死相逼,
因为她顶职对人生的改变要显著得多,
大儿子那时已经成家,

娶了一个乡下女人。)
而不是按农村惯例
把这个名额给他这个长子,
而不断酗酒,
并在第二次中风后
即五十岁时去世。
小女儿的人生也并不幸福。
她的前夫一表人才、温文尔雅,
作为小县城当年屈指可数的
浙大毕业生。
很快,她因她所在的供销系统的转制
而成了一名早期的创业者,
又因为沉湎于纸牌与交际,
被一个用假身份证与她交往多年的男人
骗光所有家产,
(以高额利息为诱饵)
在给家庭个留下一个巨大的债务窟窿后,
与前夫离婚。
老人现在最后悔的事
是在刚满五十岁时的提前"病退",
为了赶在子女顶职的政策取消前
解决依然在乡下的子女的城镇户口。
(不久后,他获悉上面正在研究与动议
他到商业局担任局长)
　"如果我顺利成为局长,

人生应有很大的不同,
也不会给大儿子造成后面的打击,
并从此几乎形同陌路。"
在我们相对而坐的近十个小时中,
同样的话题重复了几十遍,
就像一台声音悠缓的老式复读机。
而每次的结尾处,
他又都会加一句,
"这就是命吧?"
然后才是那或许是不甘,
又或许是释然的
一种意味深长的微笑。

跋：山水只有成为道的容器才成其为山水

纪梅：泉子兄好！欢迎您从江南来到河南，来到郑州曲园。我记得我们有过三次见面，三次都在山水之间。一次是在大理的苍山洱海。第二次是在浙江，参加完《诗建设》的活动后，您带我游览孤山和西湖。这是第三次，在郑州曲园，这里有主人用太行山石叠筑的假山，有游着锦鲤的池水。这三种不同的山水形式——从旷野绵延浩渺的自然山水，到受到人力改造的城中风景，再到私人园林中的微型景观——可以说是构成了一个隐喻，即山水在现代文明发展中不断式微的过程，也是自然不断退隐的过程。很多当代诗人已经接受了这种结果，但您在诗中却反复咏赞山水，将自己沿着西湖山水的行走视为"日课"，您还有一些诗集以山水为名，比如《湖山集》和《青山从未如此饱满》。这种态度称得上是反向而行，就像《伟大的通衢》这首诗中写的："坚持，坚持一条歧路，/ 甚至是一条相反的道路"，请问您为什么要选择一条"相反的道路"？

泉子：这是一条众人眼中的"歧路"或"相反的道路"，也是我早已认定的。关于路的诗歌，我还有一首《并非对无的执着》，可以作为这一首的互文来读。"当山脊的岔道显现 / 我选择了人迹罕至的一条 / 并非是我对少、对无的执着 / 而是我越来越倾心于 / 那唯有寂静与幽暗方得相遇的美景。"

你说出的"山水在现代文明发展中不断式微"，"自然不断退隐"是我们此刻眼睛所看见的真实。但诗歌又必须成为一种预言,成为一种向过去与未来同时敞开的发明。

山水无疑是贯穿于《湖山集》《空无的蜜》《青山从未如此饱满》,以及我即将出版的诗集《山水与人世》的一条最显著的线索,也是最重要与集中的题材之一。山水之于我,之于汉语的重要性在于它提供了一条静观与凝神的通道。

在东方的语境中,山水只有作为道的容器才成为山水,否则只是人们眼中所谓的风景。或者说,山水不仅仅是山水,它同样是阴与阳、动与静、仁与智、有与无……是"道生一,一生二,二生三,三生万物"中的"二",并成为我们重返"一"与"道"的一个稳固的节点,并构筑起了一代代汉语诗人悟道求真的最有效的通衢。现代性的困境或危机的日益显现对应"上帝之死"与道被遮蔽后我们必须去面对,并承担起的严酷现实。而当代汉语的未来或现代性困境与危机化解的契机,恰恰在于我们能否重新构建起当代汉语与山水之间那同时立足于道之上的一种如此稳固的关联,直到我们再一次将山水从心中取出。

纪梅:理解过去确实能够让我们更好地理解今天的现实。不过,对过去的理解是一种个人性的精神活动。而我们总是站在当下的位置理解过去,对过去的解读自然杂糅着当下的欲望。追慕传统和山水的诗人,如您,时常会向古代先贤致敬:屈原、阮籍、陶渊明、杜甫、苏轼……很明显这里包含着您写作的雄心,这些前辈意味着写作的高度、标准和方向。我的阅读感觉,您在谈论这些古人的时候,主要是将他们的精神作为对自我的启发,这会不会导致对古人的理解趋于抽象和风格化?进一步说,当代诗人对古代文士的仰慕,是否不但不能更好地理解我们的当下,反而会削弱对当下现实的敏感?

泉子:恰恰相反,正如克罗齐所言,"一切历史都是当代史"。对我而言,"屈原、阮籍、陶渊明、杜甫、苏轼……"不仅仅是古代先贤,他们同样鲜活于此时此刻,是我的兄长,是那些更原初或更完善的自己。他们持续抵达我们不仅仅因为这些不朽的分行,同样是因背后那个真实可感的血肉之躯,是他们之所以成为他们的知与行。诗歌的魅力,诗歌的神奇与艰难还在于,它们作为对时间将我们囚禁在此时此刻的一次次克服与超越,并终于为我们提供了一种伟大的启示。

纪梅:中国古代山水思想推崇神似,追求对道的领悟,做山水诗或山水画都不讲究,或者有意舍弃视觉再现和写实。就我的阅读感受而言,您的诗歌多诉诸所知,而非所见,这一点与古代山水诗很相似。但我认为这种写法可能存在一个问题,就是诗中的形象并非为了再现某个瞬间,而是作为阐释观念的辅助,比如"青山从未如此饱满",您写的不是青山,而是一种道或者别的理念在这一刻得到了圆满的显现。或者说,所谓"青山"是一种心象,而非可辨认的、偶然性的、一次性的形象?

泉子:心象并非是不可辨认的,只是需要"以心印心"。

苏轼在一首诗中写道,"论画以形似,见与儿童邻",并为一代代的画家与论者所引用。总体而言,东方人把形似,或者是你所说的"视觉再现和写实"作为一种低一个层次的真实。古人追求的"以形写神",其更深处是老庄的教诲,"得意忘言"或"得意忘形",也对应于一代代诗人与画家对"逸品"的神往与孜孜以求，对应于一种东方人独特而殊胜的时空观——相对空间，时间作为一种更为根本的维度，或者说是一种时间深处的空间。只有在这里，我们才能真正通向中国山水画与那曾如此辉煌的汉语。也正是在这里，东方或汉语迎来了一种属于它的最神秘而奇妙的发明——心。

心不在我们的胸口。它甚至不在这里，也不在那里，心在我们身体的至深处，在一把解剖学的尖刀永远无法抵达的地方。心是道与我们在肉身中的相遇。

当山与道相遇，山便获得了山的心；当水与道相遇时，水便获得了水的心；当天空与道相遇，天空便获得了天的心；当大地与道相遇时，大地便获得了一颗大地之心。而汉语正是盛放下了那颗万物的共有之心，才变得如此殊胜而与众不同。

纪梅：您诗歌中经常写到道、真理、义理、规则、伟大的至善等抽象的、形容很高境界的概念，抵达这些境界的路径，一般是对自然，比如山水的凝视和领悟。"自从我发明出道与真理等词语后，/我以为不再有更远的远方，/直到蓦然回首时，我再一次看见了青山/那仿若静止的奔腾"(《远方》)。这里的顿悟颇有禅宗意味，这种写作是因为受到佛学的影响吧？佛学对您的影响还有什么？

泉子：我不是一个佛教徒，但我确实从佛陀的智慧中获得很多滋养。"空无"与"真空妙有"都是佛陀伟大的发明，又是与我们视为本土的《道德经》共通的。

离开佛陀的智慧，特别是佛教一次最重大的本土化实践——禅宗，我们就不可能读到或读懂今天所见的王维、苏轼，甚至包括杜甫与李白。同样，朱熹的理学与王阳明心学都作为儒道释高度融合后的产物。它们对一个民族、一种语言的统摄与塑造都是巨大的。很有幸，在这个喧嚣、分裂、焦虑的时代中，我依然能听清它们对我的召唤。

纪梅：您在诗中写道："我把念诵《金刚经》《心经》《圣经》与《古兰经》，/以及抄录《道德经》《论语》作为一种日课/每天，它们都准确无误地/帮我找到心中那块共同的磐石。"（《磐石》）这块"磐石"指的是什么？是像您在诗歌《经文》中写的帮您"找到了今日之泉子"吗？同时阅读这些不同的经文，它们的教诲存在什么矛盾和冲突吗？

泉子：这块磐石是道、真理，是空无，是万物那颗共有之心，是你确信的所在，是那个最初的自己。是的，正是这块磐石帮助我"找到了今日之泉子"。

不同经文之间所谓的"矛盾与冲突"只是通往同一个所在的不同的路径，并赋予这人世以饱满与丰盈。这同一个所在可以转化为"我们从哪里来，往哪里去，以及人在宇宙中的位置"这样一次永恒的追问。而这里不仅仅有一首诗的源头，也是所有宗教、哲学、艺术、科学共同关注、孜孜以求的原点。

纪梅：您诗中常常有一种确信的语气，或者说是一种箴言风格。它源于对"传统"的"自信"吗？还是对现代生活的不稳定因素的反驳？

泉子：您在我诗中读到的"一种确信的语气"，是我对道，对真理，对空无，对万物那颗共有之心的信心，在这个"上帝之死"后的时代。"上帝之死"并不意味着神的终结或道的弥散，而是神或道获得一次重新被命名的契机。就像传统是需要一代代的诗人不断地擦拭与激活的，也只有在这里，传统才不会成为一种僵死的秩序，而成了所有人世那生生不息的源头。

纪梅：当我们一直谈论传统、山水和道的时候，说明传统对我们仍然具有强大的规范作用，即所谓的"神圣的克里斯玛（Charisma）特质"的魅力和色彩。您如何理解新诗对传统的突破？更进一步说，您在凝视"山水"的时候，希望与传统达成什么关系？

泉子：我并不认为新诗的完成对应一次对传统的突破。相对于"突破"，我更倾心于"更新"一词。现代汉语的未来依然取决于我们这一代诗人，或我们之后的一代代诗人能否重新擦亮或激活传统，而这传统又不是专属于汉语的。新诗无疑是对应对西方言说方式的借鉴，对应科技高速发展后的一种更加纷繁的现实，对应人心对自由的那从来渴望。新诗的"新"应该指的是语言与形式，而当我们获得一种更广阔的视野，在一种更高或更深处看的话，这个看似分崩离析的世界依然因那千古不易处而得以维系，依然在等待一代代诗人对它反复地，或是再一次地擦拭、发明与澄清。或许，也只有在这里，我们才能更好地理解诗人歌德在两百年前的吁请："去成为这世界重回一个整体的力。"

纪梅：我们知道，现代文明是以理性化和逻辑系统为原则和底色的，能谈谈它对您写作的影响吗？

泉子：我的写作无疑长期受惠于西方同行，并感激他们在今天依然给我带来的一种源源不绝的启发与滋养。西方文明或现代文明已然作为传统的那最坚实的一部分了。但现代性在现代诗歌的发端处是受到质疑或审视的，就像现代诗歌的鼻祖波德莱尔所言，"现代性是过渡、短暂与偶然，艺术的另一半是永恒和不变"。以"理性化和逻辑系统为原则和底色"的现代文明并非文明的终结，它依然作为我们完善自身的一次崭新的契机。事实上，我恰恰以为所有伟大的诗歌都是超越理性与逻辑，而又不与之相悖的。

纪梅：您的诗歌喜欢使用长句子，常常包含多重定语。您为何青睐这种句式与语气？这种写作习惯与您想象中的对话者有关吗？

泉子：我在诗歌中无论选择短或长的句子，都对应我对诗歌语言简洁与准确的孜孜以求。这些"长的句子"所展现的语言皱褶对应一种如此纷繁复杂的现实，或是人性中那些晦暗不明处所承载的一个如此丰盈的人世。如果我的写作中存在这样一个想象中的对话者的话，那么，他一定是无数的自己中的一个，而正是他们的全部共同说出了，宇宙那本来处的饱满与丰盈。

纪梅：我发现您很多诗歌都写到汉语，比如"而我终于没有辜负汉语"（《汉语的辨认》），还比如"汉语的魅力依然是源头上的"，还有《汉语的未来》等等。捍卫"汉语"的荣光，甚至提倡语言的民族化，在近十年来的中国诗坛构成了很强大的声音。在当代诗坛，这个声音与"山水"的重新繁兴是同步的。但我认为这种提法有排外的民族主义之嫌，甚至不尊重这样一个事实：无论古代还是当代，汉语的形成都受到很多异族文化的影响和渗透。您在说"没有辜负汉语的时候"，汉语意味着什么？"汉语的未来"又是什么？

泉子：我在前面其实已经谈到了，如果没有儒道释的强大支撑，汉语会是什么，如果它终于没有成为一种语言的化石的话？而如果没有对道与心，对一种独特而殊胜的东方时空观的理解，我们触及的永远只能是汉语的皮毛。

我们这一代诗人，都是从西方的文学艺术开始的，但我在不断往前走的过程，恰恰是传统在我体内不断苏醒的过程。这些年，我有一个越来越清晰与坚定的判断，我们这一代，或我们之后的一代代诗人，能不能通过对西方言说方式的借鉴，说出一种我们东方人对这个世界最精微的理解将决定汉语的未来。这并非我作为一个东方人，或汉语写作者的执着，而是我越来越强烈意识到东方智慧对这个喧嚣、分裂、焦虑的时代的意义。就像阴阳相生与阴阳相成所揭示的，即使互为对手，依然可以作为相互成全的一个契机。而恰恰在这里有着一个生生不息的人世。

汉语的殊胜还在于它的一种强大的消化与重新生成的能力，就像佛教曾经作为一种外来与异质文明，今天它已成为我们传统深处那最坚实的一部分。或许，同样在这里，我们可以更好地理解我们刚刚反复交流的传统，以及我们今天的现实与未来。

纪梅：让我们把话题拉到当下。与那些更具代表性和风格性的谈论所知的诗歌相比，我更喜欢您写琐屑的日常经验的诗，比如写给母亲和妻女的诗歌,还有写给路遇的陌生人。这里有着真切可触的形象和气息,也有您现世的欲望和忧思,而不是面向未来的宏大雄心。更详细点说:此时您不是从山水中寻求真理的显现,而是直面世俗的庸碌无常。比如您书写老家的豆腐西施,她有一张还算漂亮的脸,但十分跋扈,对一墙之隔的邻居造成了很大伤害,还写到一些发小、同学不幸的命运,在表现这些平庸、琐屑、衰老和无序的经验时,您想抒写什么?

泉子:如果可以更细致地区分的话,你说的"那些更具代表性和风格性的谈论所知的诗歌",其更深处对应释与道,特别是后来为禅宗所强调的顿悟,而"写琐屑的日常经验的诗"对应于修,或是儒的传统——"致中和"以及对"温柔敦厚"的践行。它们又统一于"思无邪"。

我早已从"艺术化"的迷幻中走出来,而更愿意从日常所是处去理解日常。对我来说,如果说诗歌有什么秘密法则的话,那就是"我口说我心,我手写我心"。我想,也只有在这里,我们才能真正完成一次对"平庸、琐屑、衰老和无序"的超越与克服。

纪梅:我们今天的聊天主要集中于山水,我想主要原因是因为我们处在城市中,处在现代文明的包裹中。事物因为稀缺而变得珍贵。山水如是,因诗歌结成的友谊也是。我们明天上午的诗歌漫谈活动安排在郑东城市书房,就在北龙湖畔。几年前泉子兄带我游览西湖,明天我陪您看一看郑州的北龙湖。

感谢泉子兄接受曲园雅集的邀请,来到郑州与我们分享您的诗歌创作和理念。谢谢!

泉子：谢谢纪梅，谢谢郑州的诗友们，让我拥有了这次美妙与难忘的郑州之行，也给了我一次思考与梳理自身的契机。

谢谢大家。

时间：2021 年 4 月 23 日
地点：郑州曲园